LA VIDA SECRETA DEL
MONSTRUO DEL LAGO NESS

de Benjamin Harper

CAPSTONE PRESS
a capstone imprint

Publicado por Capstone Press, una impresión de Capstone
1710 Roe Crest Drive, North Mankato, Minnesota 56003
capstonepub.com

Copyright © 2026 de Capstone. Todos los derechos reservados. Ninguna parte de esta publicación puede ser reproducida ni total ni parcialmente, ni almacenada en un sistema de recuperación, ni transmitida de ninguna forma o por ningún medio, ya sea electrónico, mecánico, fotocopia, grabación o de otro tipo. sin la autorización escrita de la casa editorial.

Los datos de catalogación previos a la publicación se encuentran disponibles en el sitio web de la Biblioteca del Congreso
ISBN 9798875236617 (tapa dura)
ISBN 9798875236563 (tapa blanda)
ISBN 9798875236570 (PDF libro electrónico)

Créditos editoriales
Editora: Abby Huff
Diseñadora: Heidi Thompson
Investigadoras de medios: Jo Miller
Especialista en producción: Tori Abraham

Resumen: El legendario monstruo del lago Ness fue visto por primera vez hace casi 1500 años y la criatura ha capturado la imaginación de muchos desde entonces. Los lectores pueden aprender la sorprendente historia detrás de este misterioso críptido escocés.

Créditos fotográficos
Alamy: Chronicle, 24, PictureLux/The Hollywood Archive, 29; Getty Images: Khadi Ganiev, 27, Vaara, 13; Newscom: Academy of Applied Science Boston Massachusetts/Mirrorpix, 20, Danny Lawson/ZUMA Press, 21, VICTOR HABBICK VISIONS/SCIENCE PHOTO LIBRARY, 9, 19; Science Source: CCI Archives, 5; Shutterstock: apien, 28, Art studio G, Cover (Loch Ness), Daniel Eskridge, 10, Kariakin Aleksandr, 7 (dinosaur silhouette), kelttt, 6, 7 (snowflakes), Lubomira08, 14, LynxVector, 22, Michael Rosskothen, 15, Nastya Smirnova RF, 23, NOOR RADYA BINTI MD RADZI, 11, Picture Partners, 12, s_karau, 25, S-F, 17 (inset), Stefano Zaccaria, 17, Sudowoodo, Cover (hat), Tshooter, 7 (Scotland silhouette) elemento de diseño: Shutterstock: dhtgip, Kues

Capstone no mantiene, autoriza ni patrocina los sitios web y recursos adicionales a los que se hace referencia en este libro. Todos los nombres de productos y empresas son marcas comerciales™ o marcas comerciales registradas® de sus respectivos propietarios.

Printed and bound in China. 6276

TABLA DE CONTENIDO

Conoce al monstruo del lago Ness **4**

Nadando hacia el centro de atención **8**

¿Qué hay en el agua? **12**

Hogar, dulce hogar **16**

En busca de Nessie **20**

¡Totalmente famosa! **26**

    Glosario... **30**

    Sobre El Autor **31**

    Índice... **32**

Las palabras en **negritas** están en el glosario.

CONOCE AL MONSTRUO DEL LAGO NESS

¿Quién es el monstruo más famoso del mundo? ¡El monstruo del **lago Ness**! El **críptido** acuático fue visto por primera vez hace casi 1500 años. La gente ha estado hablando de él desde entonces. Los fanáticos incluso le dieron un apodo. ¡Nessie! Conoce toda la información sobre la vida secreta de la bestia.

DATO
Los críptidos son animales que la gente dice haber visto. Pero nadie puede probar que estas bestias sean reales.

¡PON A PRUEBA TU INTELIGENCIA SOBRE NESSIE!

¿Crees que lo sabes todo sobre el monstruo del lago Ness? ¡Vamos a averiguarlo!

1. ¿En qué país vive Nessie?

2. ¿Qué tan largo es Nessie?

3. ¿Cuándo se utilizó por primera vez el apodo de Nessie?

4. ¿De qué color es Nessie?

5. ¿A Nessie le gusta el agua tibia o fría?

RESPUESTAS

1. Escocia

2. Alrededor de 25 pies (8 metros)

3. Década de los 1940

4. Gris, marrón oscuro o negro

5. Fría

NADANDO HACIA EL CENTRO DE ATENCIÓN

En el año 564, el sacerdote irlandés Columba fue el primero en encontrarse con Nessie. Quería cruzar el lago. De repente, una enorme bestia apareció en el agua. ¡Columba le gritó que se fuera! Se zambulló bajo las olas. ¿Fue un ataque de un monstruo? ¿O Nessie estaba saludándolo?

DATO
Nadie sabe si Nessie es macho o hembra. La gente suele llamar al críptido *"ella"* por el apodo.

Nessie se mantuvo alejado. Luego, en 1933, una pareja pasaba en coche por el lago. Un gran animal gris cruzó la carretera. Se deslizó hacia el agua. Los periódicos informaron del avistamiento. Pronto, más gente empezó a ver al críptido. ¡Había nacido la fiebre de Nessie!

DATO
En gaélico escocés, el nombre del monstruo es Niseag. Se pronuncia *NI-shak*.

¿QUÉ HAY EN EL AGUA?

¿Qué es exactamente el monstruo del lago Ness? En el lago viven anguilas. Algunas personas creen que Nessie podría ser una anguila gigante. Los **testigos** han visto grandes jorobas en el agua. Otros dicen que es un pez grande. Los informes dicen que mide alrededor de 25 pies (8 metros) de largo.

Una anguila normal es tan genial como una anguila gigante. ¿Verdad?

UNA RÁFAGA DEL PASADO

¿Podría Nessie estar relacionado con los dinosaurios? Según los avistamientos, muchas personas creen que sí. ¿Cuello largo? ¡Comprobado! ¿Aletas?

La gente dice que Nessie parece un **plesiosaurio**. Estos animales vivieron en los océanos hace millones de años. Algunos creen que se quedaron atrapados en lagos debido a desplazamientos de tierra.

DATO

¿Di-NO-saurio? Un estudio en 2019 no encontró **ADN** de plesiosaurio en el agua del lago.

HOGAR, DULCE HOGAR

Nessie considera a Escocia su hogar. La ciudad más cercana a su lago es Inverness. A la gente de allí le encanta tener a Nessie como vecina. ¡Les gusta hablar de ella a los visitantes!

FAMILIA DE MONSTRUOS

Escocia también es el hogar de monstruos de lago menos famosos. Morag vive en el lago Morar. Lizzie nada en el lago Lochy. Es posible que veas a Wee Oichy en el lago Oich.

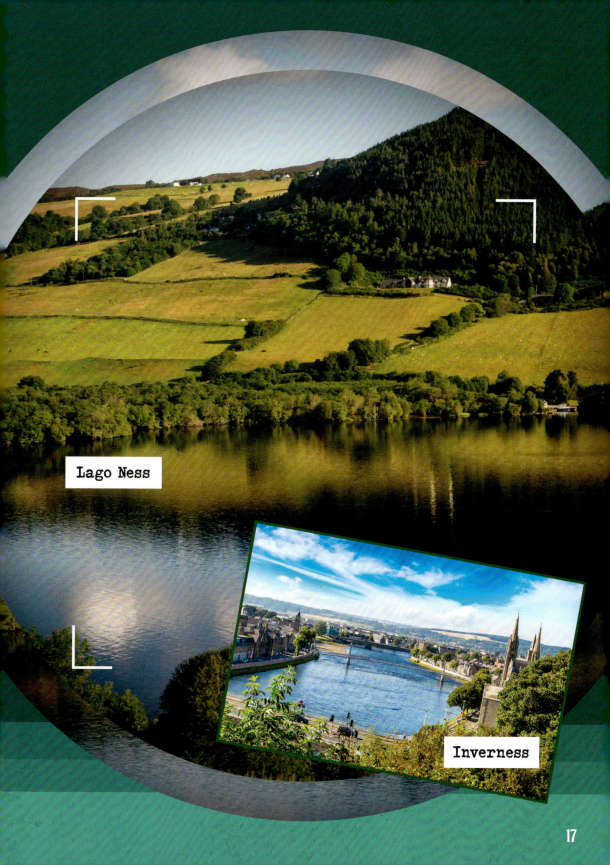

Lago Ness

Inverness

UN LAGO ENCANTADOR

Nessie no necesita la playa. ¡Tiene el lago Ness! El agua fría está llena de materia vegetal muerta. Es el escondite perfecto.

LOS NÚMEROS DEL LAGO NESS

 El lago Ness tiene 23 millas (37 kilómetros) de largo.

 El lago Ness tiene 755 pies (230 metros) de profundidad. Eso es más largo que dos Estatuas de la Libertad una encima de la otra.

 El castillo de Urquhart se encuentra en la orilla. Fue construido en el siglo XIII.

EN BUSCA DE NESSIE

¡La búsqueda de Nessie ha comenzado! Los científicos han liderado búsquedas importantes durante los últimos 100 años. Han buscado con submarinos. También han buscado con **sonar**. En 1972, los científicos tomaron fotografías submarinas. Algunos dicen que las fotos muestran aletas. ¿Nessie estaba saludando a la cámara?

Foto de aleta de 1972

¿ENGAÑADOS?

La gente ha reportado más de 1100 avistamientos de Nessie. ¿Son todos reales? En 1933, un hombre dijo que encontró huellas dejadas por Nessie. Los **expertos** las revisaron. Resulta que eran huellas de hipopótamo. Alguien las hizo usando la pata de un hipopótamo disecado.

En 1934, el doctor Robert Kenneth Wilson tomó una foto. Mostraba un cuello largo que sobresalía del lago. La "fotografía del cirujano" se hizo famosa. ¡El mundo vio a Nessie!

¿O no? En 1994, una persona que ayudó a tomar la foto dijo que era falsa.

¡TOTALMENTE FAMOSA!

El lago Ness es un lugar **turístico** de moda. Cientos de miles de personas visitan el lugar cada año. Esperan poder echarle un vistazo al críptido acuático. Los fanáticos valientes incluso pueden hacer recorridos en bote. Van al centro del hogar de Nessie.

¿Irías en un bote en busca del monstruo?

> ### DATO
> Un hombre vive en una camioneta junto al lago. Lleva 30 años allí intentando obtener pruebas de que Nessie es real.

SUPERESTRELLA DE LA PANTALLA

¿No puedes ir a Escocia, pero quieres conocer mejor a Nessie? ¡Mírala en la pantalla! Los especiales de televisión muestran las búsquedas en el lago Ness. Nessie también es una estrella de cine. Aparece en Scooby-Doo y el monstruo del lago Ness, Mi mascota es un monstruo (The Water Horse en inglés) y más.

¿Qué opinas tú? ¿El monstruo del lago Ness es un hecho o una ficción?

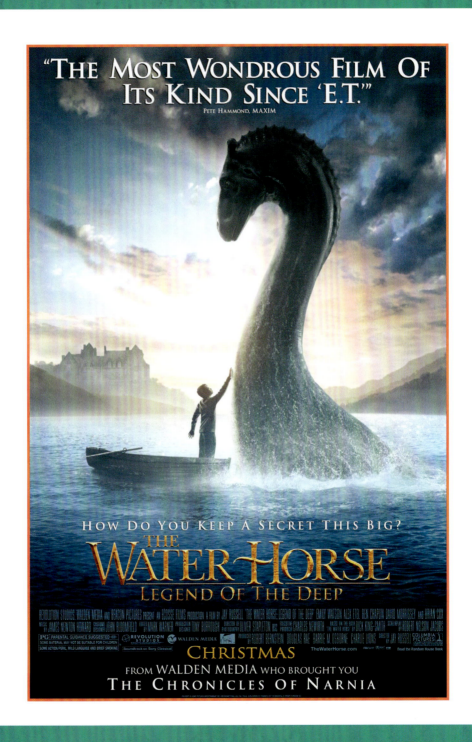

GLOSARIO

ADN: material en las células que le da a un ser vivo sus propias características

críptido (CRÍP-ti-do): un animal cuya realidad no ha sido probada por la ciencia

experto (ex-PER-to): una persona que sabe mucho sobre un tema

lago Ness (LA-go NESS): la palabra escocesa para lago es Loch, así que se llama Loch Ness en inglés

plesiosaurio (ple-sio-SAU-rio): un gran reptil nadador que vivió durante la época de los dinosaurios y tenía aletas y un cuello largo, parecido al de una serpiente

sonar (SO-nar): un dispositivo que usa ondas sonoras para encontrar objetos bajo el agua

testigo (tes-TI-go): una persona que ha visto u oído algo

turista (tu-RIS-ta): una persona que viaja a lugares para divertirse y aprender sobre ellos

SOBRE EL AUTOR

Benjamin Harper vive en Los Ángeles, donde se gana la vida editando libros de superhéroes. Cuando no está trabajando, escribe, ve películas de monstruos y pasa el rato con sus gatos Marjorie y Jerry, un pez betta llamado Toby y peceras llenas de tritones de piel áspera y orientales.

ÍNDICE

anguilas, 12
apariencia, 6–7, 10, 12, 14
avistamientos, 4, 8, 10, 12, 22

búsquedas, 20, 28

castillo de Urquhart, 18
Columba, 8

dinosaurios, 14, 15

Escocia, 7, 16

"fotografía del cirujano", 24, 25
fotos, 20, 24, 25

hipopótamos, 22
hogar de, 6–7, 16, 18, 26
huellas, 22

lago Ness, 8, 10, 12, 15, 16, 18, 24, 26, 28

nombres, 4, 6, 8, 10

otros críptidos, 16

peces, 12
películas, 28
plesiosaurios, 14, 15

sonar, 20
submarinos, 20

turistas, 16, 26

Wilson, Robert Kenneth, 24